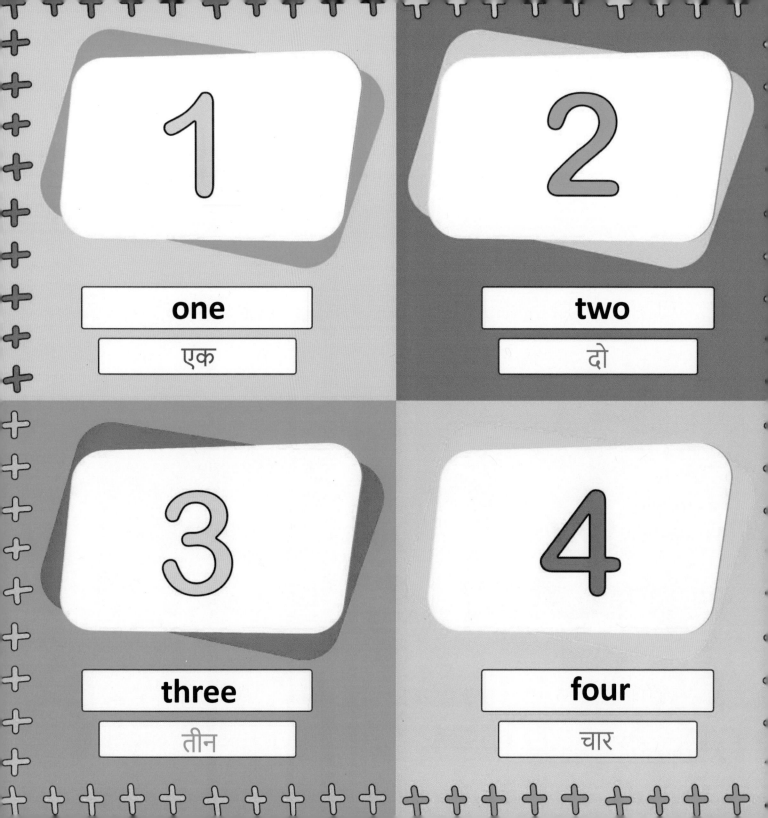

1

one

एक

2

two

दो

3

three

तीन

4

four

चार

5

five

पाँच

6

six

छह

7

seven

सात

8

eight

आठ

9

nine

नौ

10

ten

दस

11

eleven

ग्यारह

12

twelve

बारह

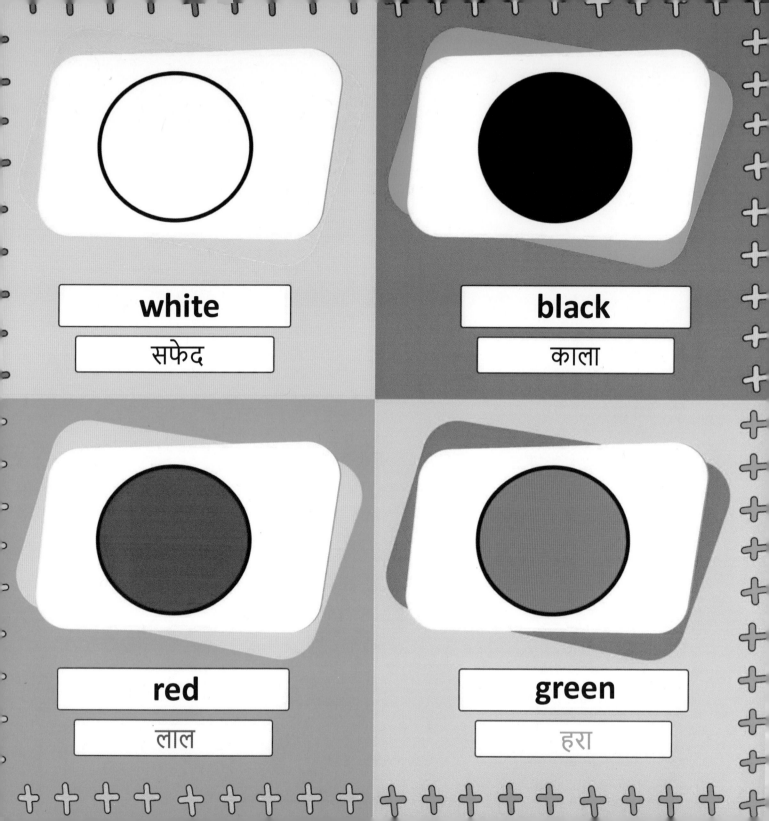

white

सफेद

black

काला

red

लाल

green

हरा

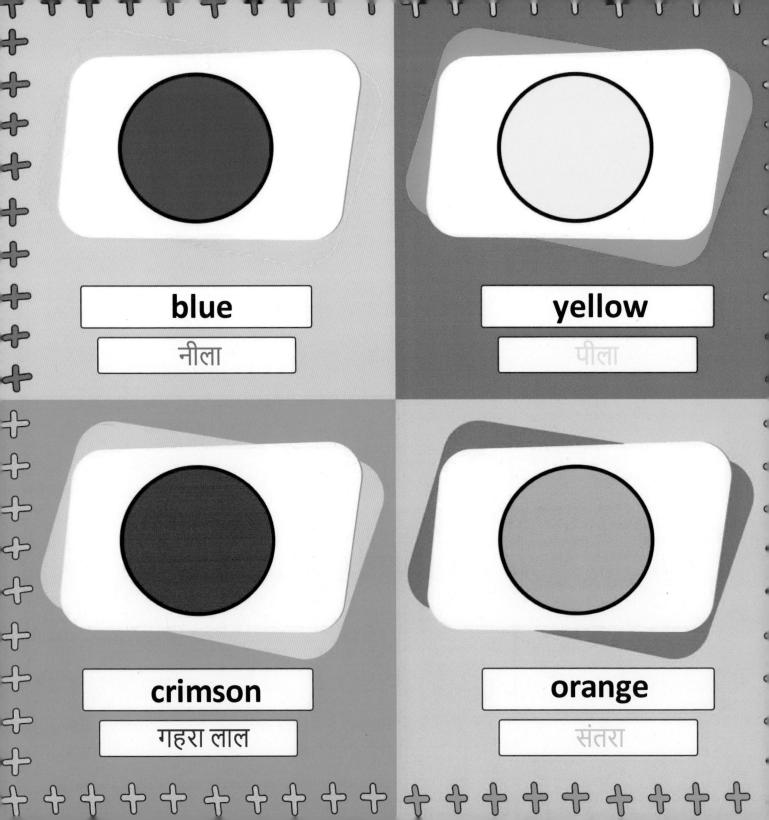

blue

नीला

yellow

पीला

crimson

गहरा लाल

orange

संतरा

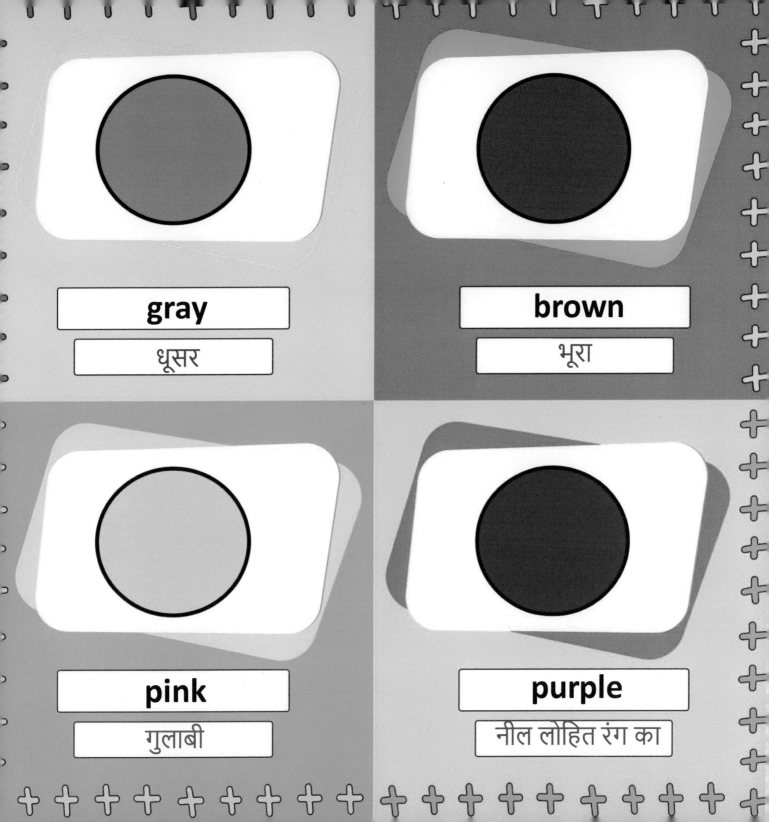

gray

धूसर

brown

भूरा

pink

गुलाबी

purple

नील लोहित रंग का

grandpa

दादा

grandma

दादी

father

पिता

mother

मां

brother

भाई

sister

बहन

son

बेटा

daughter

बेटी

apple

सेब

banana

केला

orange

संतरा

lemon

नींबू

avocado

एवोकाडो

strawberry

स्ट्रॉबेरी

watermelon

तरबूज

grape

अंगूर

pomegranate

अनार

pineapple

अनानास

kiwi

कीवी

mango

आम

potato

आलू

carrot

गाजर

onion

प्याज

cabbage

पत्ता गोभी

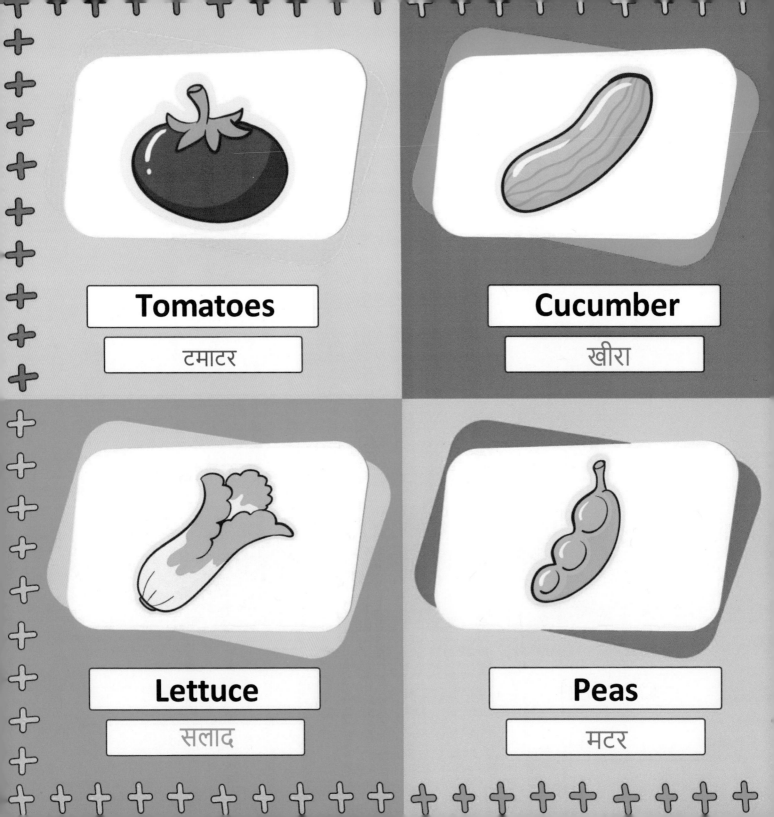

Tomatoes

टमाटर

Cucumber

खीरा

Lettuce

सलाद

Peas

मटर

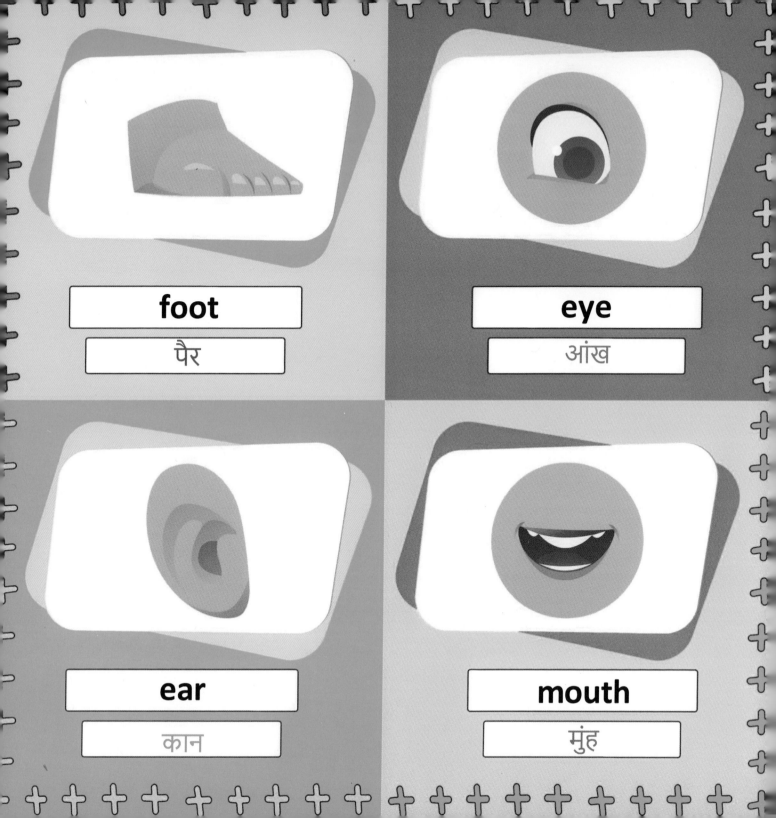

foot

पैर

eye

आंख

ear

कान

mouth

मुंह

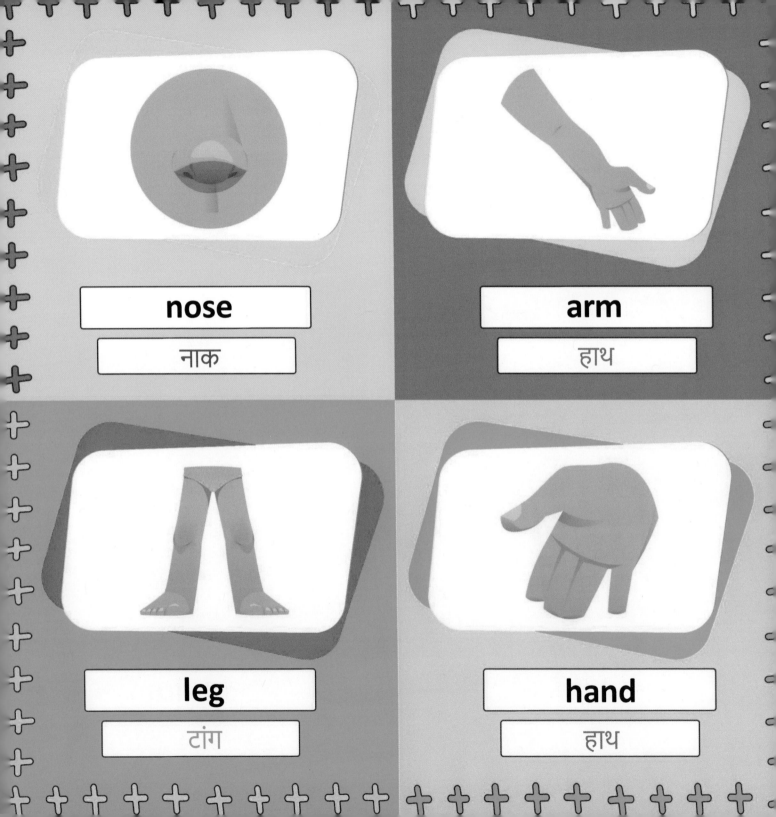

nose

नाक

arm

हाथ

leg

टांग

hand

हाथ

dog

कुत्ता

cat

बिल्ली

fish

मछली

horse

घोड़ा

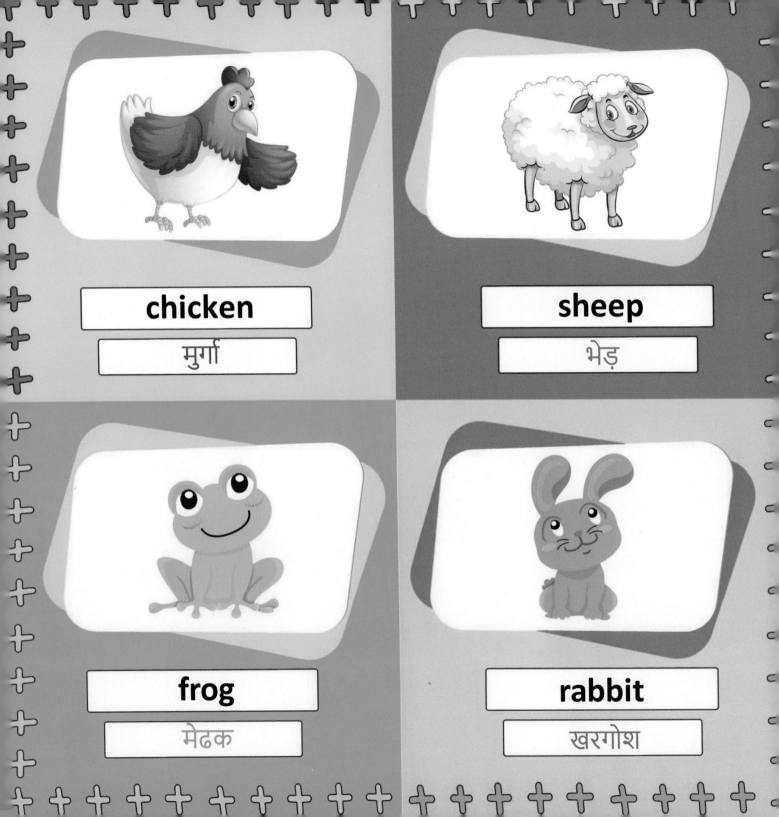

chicken

मुर्गा

sheep

भेड़

frog

मेढक

rabbit

खरगोश

monkey

बंदर

Pig

सूअर

cow

गाय

goat

बकरी

doctor

चिकित्सक

chef

बावर्ची

fireman

अग्निशामक

farms

फार्म

Architect

वास्तुकार

Policeman

पोलिस वाला

nurse

नर्स

Lawyer

वकील

car

कार

taxi

टैक्सी

fire truck

दमकल

ambulance

रोगी वाहन

police car

पुलिस की कार

bus

बस

Train

रेलगाड़ी

airplane

विमान

socks

मोज़े

shoes

जूते

t-shirt

टी शर्ट

hat

टोपी

Trousers

पतलून

dress

पोशाक

jacket

जैकेट

Sunglasses

धूप का चश्मा

winter

सर्दी

summer

गर्मी

spring

स्प्रिंग

autumn

पतझड़

Printed in Great Britain
by Amazon